Zeit schrumpft mühsam

Impressum

Copyright: © 2013
Renate Maria Riehemann

Herstellung und Verlag:
BoD - Books on Demand,
Norderstedt
www.bod.de

ISBN: 978-3-848259618

Vierzig Gedichte

Band 3

Zeit schrumpft mühsam

Gedichte um Trauer und Abschied

von
Renate Maria Riehemann

Zur Auswahl der Gedichte

Eindrucksvoll und intensiv
beschreiben die Gedichtzeilen
Momente starken Fühlens
beim Abschied nehmen und
Trauern. Diese gravierenden
Lebensereignisse fordern jeden
Menschen ganz verschieden
heraus. Tiefe Gefühle, Angst,
Wut und Traurigkeit können
ihn lange im Bann halten.
Alles hat seine Zeit, auch die
Trauer. Wenn jedoch die Seele
heilt, stellt sich Erinnerung ein,
vielleicht auch Erkenntnis.
Möge sie frei sein von
Bitterkeit.

Renate Maria Riehemann
Januar 2013

Nimm die Hand zum Abschied

Und lasse los

Loslassen

Leichte Brise
Bewegt die Gardine
Gedanken an dich mein Kind
Verfangen sich darin
Ruhig schiebe ich sie beiseite

Morgennebel und
Ein warmes Gefühl in mir
In meinem Herzen ist Heimat
Liebe und Sehnsucht danach
Wohltuende Abendkühle

Erinnerungen haben Zeit
Ein Blick voll Vertrauen
Den du mir schenktest
Vor ein paar Tagen oder
Jahren
Ganz klein in meinem Arm

Ich schließe das Fenster

Versteckt

Du sagst:
Ich ruhe in mir

Um das von mir zu wissen
hättest du meine Schale
behutsam öffnen müssen

Mittendrin

Er lebte
durch uns
ohne Verantwortung

unter uns
ohne Anerkennung

zwischen uns
ohne Freundschaft

mit uns
ohne Liebe

Er lebte

ohne uns

Trauer

Manchmal geht ein Mensch
von dir
Und du fragst dich: Warum
jetzt?

Leise spürst du in deinem
Herzen:
Es hatte alles seine Zeit

Was bleibt ist Erinnerung
und Trauer
Du lebst hindurch Schritt für
Schritt

Bis die Dunkelheit vergeht

Gestern und morgen

Zerreißt ein Band
Getränkt in Endlosigkeit
Zähe Enden ziehen Fäden
Klebrig und schwer

Daraus webt mühevoll
Der kommende Tag
Viele Stunden neue Muster
Mit der schweren Weite der
Felder

Der Wind bewegt
Gestern und morgen
Austauschbar
Um fortzuführen

Verloren bleibt morgen
Das Jetzt auf der Strecke
Noch glitzernd
Im Faden von gestern

Fehlgesicht

Und will es nicht
Geb es zurück
Das Fehlgesicht
Und auch das Wort
Nie ausgesprochen

Nie angekommen
Verblutend nun
Stumm wartet es
Umhüllt zu werden
Von zarten Händen

Von deiner Hand
Zu klein zu kalt
Sie hält es nicht
Dies Wort danach
Dies Fehlgesicht

Warum

Warum
hätte ich es dir nicht sagen
sollen?
Warum
hättest du nicht antworten
sollen?
Warum
hätte ich deine Nähe nicht
suchen sollen?
Warum
hättest du meine Sehnsucht
nicht spüren sollen?
Warum
hätte ich meine Gefühle
einsperren sollen?
Warum
hättest du dir nicht sicher
sein sollen?

Warum
ist dann alles anders
gekommen?

Müde Nacht

Müde zieht Nacht ihre Kreise
Lädt Einsamkeit zum Trunke
ein

Sucht Kurzweil sie auf diese
Weise
Will länger nicht verborgen
sein

Erhellt das Dunkel tausend
Augen

Kein Anschlag

Die Töne
klingen leiser
Kein Anschlag mehr

Die Stimme
wird leiser
Kein Hören mehr

Angst

Ich habe Angst
denn
es wird Abend

Danksagung

Es geht seinen Gang

Es geht aufwärts
Ausgefüllte Tage
Ruhige Gedanken
Stille Sehnsucht
Stille Nächte
Es geht seinen Gang

Es geht aufwärts
Müde Tage danach

Seitenwechsel
Tiefe Ängste in mir
Unbestimmte Hoffnung
Heute nur heute
Du nur Du nur
Müde Tage danach

Seitenwechsel
Zu verweilen mit mir

Traurigkeit nährt sich
Früh geahnte Enttäuschung
Große Schwester Freiheit
Eingeladen
Auszuruhen
Zu verweilen mit mir

Große Schwester Freiheit
Eingeladen zum Tanz

Mit ihr gemeinsam
Dankesumarmung dir
Und dem verlorenen Tag
Für die Missachtung
Meiner Wünsche

Nur dies bisschen Salz

Jetzt
Entfliehe ich der Zeit
Die eben mich noch hielt
In Momenten erdachten
Glücks
Erträumter Seligkeit
Geahnter Schmerzen
Auf unbekannten Wegen

Endlich
Ich halte mich ganz fest
Am luftigen Zweig – am Schein
Erwachsen aus dem was war
Erblühend aus dem was sein
wird
Voll Hoffnung leuchtend
In tröstend warmen Farben

Um mich
Schnell dreht sich eure Welt
An meine Seele eckt
Sie haltlos immerfort

Wenn sie zu mächtig wird -
Wer gibt den Stoß ihr ?
In mir ein Heer von Helfern

Bald
Bald sprudelt aus dem Topf
Die Mahlzeit der Gefühle
Zu sättigen diejenigen
Die das Salz vergaßen
Nur dies bisschen Salz

Meins habe ich verloren

Flügellahm

Gedanken kreisen flügellahm
Drehen viele Runden
Tragen mühsam mit sich:

Schwere Last
Ohne Ende
Es gibt kein Ende

Leere Gedanken
Ohne Halt
Es gibt keinen Halt

Freie Gedanken
Ohne Richtung
Es gibt keine Richtung

Kreisen weiter weiter weiter
Mühsam bis zum Ende
Dunkel schmiegt sich um sie

Ihr Faden

Etwas zerreißt
Sie und in ihr
Ihr Leben entzwei

Augen so viel
Sehen doch nichts
Um sich herum

Flickwerk bei Nacht
Trägt keinen Tag
Ein Faden bricht

Fällt aus der Hand
Unbemerkt

Lautlose Jagd

Angst
Angst vor Gefühlen
Dem Schrei nach Liebe
Lautlos
Lautlose Jagd
Atemlos
Erstickt der Schrei nach Leben

Vernunft
Hetzt müde Beute
Sich zu ergeben
Mich
Von Tag zu Tag
Warten auf
Die Nacht mich zu verstecken

Aushöhlen
Tropfen für Tropfen
Salz stillt keinen Durst
Labsal
Würzt den Trunk

Mühevoll
Aus Angst ihn zu verschütten

Tanz
Tanz der Gefühle
Auf der Flucht sein
Endlich
Müder Tod
Tanzend
Fällt wankend zu Boden

Zeit

Einsamkeit
teilt trübe Tage

Traurigkeit
trennt dich
von mir

Liebe
schlummert sanft

Durch Finger
rieselt
kühle Erde

Schwere Stille 1

Gedanken
kreisen flügellahm
mit müdem Blick

einsam
sich haltend
am Gestern

und

dem letzten Wort
noch trocknend
auf blassen Lippen

Schwere Stille 2

Gesichter
ohne Inhalt

Augen
ohne Wimpernschlag

starr

zu dem schauend
der da sprach
vor dieser Stille

die jetzt
mehr und mehr
die Angst schürt

Angst

vor der Dauerhaftigkeit
des Augenblicks

Deiner Hände Hauch

Deiner Hände flüchtiger Hauch
erwacht in mir am Morgen

Ein letzter Sonnenstrahl von
dir
bricht meinen Tag am Abend

Endlich küsst die Nacht mich
ergreift sie deine Berührung

Deiner Hände flüchtiger Hauch
legt sich wieder schweigend
auf mich

Entstellt

Sie kann nicht wachsen
zwischen uns,
die Freundschaft nicht,
nicht die herzliche und nicht
die Liebe.
Zu mächtig die Gefahr,
dass unsere Blößen sich
berühren.

Wir retten, was zu retten ist
und kappen mit beredtem
Messer schnell
den feindlichen Teil von uns,
den warmen,
dass er erkalte.

Aus Angst vor Liebe
und vor Leid
gefriert jeder Schritt,
auch der zaghafte,
bevor der Fuß das nächste Mal
den Boden noch berührt.

Drum reden wir.
Und zwischen schneidenden
Worten
bricht Zuversicht hervor,
sieht sich bald
erschlagen unter Trost
in tausend Scherben.

Ein Torso bleibt.
Kalt und klar.
Und die Hoffnung, ihm mögen
Hände wachsen:
sich zu verstecken beizeiten
oder aufzuheben beizeiten,
was nun am Boden liegt.

Grenzenlos

Möchte berühren
das Haar der Greisin
den Schatten der Nacht
berühren mein Fühlen
wenn du fort bist
spüren und spüren
grenzenlos dich

Die Bank

Blütenblätter trug der Wind
Auf weißem Laken ihr davon
Tief grub der Tod sein kaltes
Bett
In diesen Frühling

Sommermäntel weich gewebt
Aus Bildern süß gelebter
Träume
Warm ruht sein Name unter
ihnen
Warm und dunkel

Letzter Vogel zog von dannen
Ohne Lebewohl zu sagen
Die trauerschwere Bank am
Grab
Wartet nun vergeblich

Es kennt den Weg

Folge deinem Herzen
es kennt den Weg
wenn auch
bisweilen
das Dickicht zu groß
zu dicht das Licht
zu erkennen
zu sehen
das siebenblättrige Blatt
ganz weiß am Abend

Ahnung

Wächst über die Liebe ein
Schatten und singt
Das alte und tönerne Lied
meines Lebens

Schwer und voll
die Töne der Nacht

Auf Saiten die einst
der Flügelschlag eines späten
Schmetterlings bewegte

Leicht zu leicht

Bis zum Schluss

Dich halten
und den Ring
der auch deiner ist

Dich liebkosen
durch die Nacht
die auch dir gehört

Dich begleiten
durch die Traurigkeit
deines Abendnebels

Tod der alten Frau

Greisengesicht

Unendliche Zeit
schrumpft mühsam
Stück für Stück

Ein Leben
Ein Nichts

Es war einmal
ein Kind
ein Greis
und eine Zeit dazwischen

Was bleibt bist du
Dein Fühlen
Dein Sein

Erinnerung
Deine Falten von gestern

Einseitig

Das Gesicht deiner Worte
Schweigende Wälder

Die Ruhe der Nacht und ich
toben

Begehren in allem

Warum suchst du
in meinen Worten
in meinen Augen
nur deine Nacht?

Leere Worte

Leere Worte zum Abschied
Und Schweigen dazwischen

Rastlose Sehnsucht
Zerschlagen in Stunden

Die Worte danach
Sie fehlen noch immer

Blutende Füße zum Abschied
Tragen mein Herz davon

Todesangst

Angst vor dem Ende
Endlose Angst

Worte zerschlagen
Dich und mich

Scherben am Boden
Du und ich

Gierig verschlingt sie
Unsere Liebe und dich

Tag um Tag

Bis nichts bleibt
Am Ende

Nächtliches Glück

Haltlose Masken
Zerbrechen am Abend

Gesichter ohne Alter
Erwärmen das Dunkel

Farbloser Tanz
Früher Schmetterlinge

Glück ohne Zukunft
Zerteilt die Nacht
Stirbt müde am Morgen

Worte dazwischen

Die messerscharfen Worte
die du nicht aussprichst
erstechen meine Liebe

Die streichelnden Worte
die du nicht verschenkst
lassen mich verhungern

Die Worte dazwischen
sind fades Beiwerk

Ich will dich

Es hat die Nacht keine Ruhe
und sie weiß warum.

Der Tag hat sein Leben
und es ist richtig so.

Doch ich habe dich nicht,
doch der Grund
will mir nicht mehr einfallen.

Du für immer

Einsam
Verlassen
Doch nicht allein

Ich und du
Für immer
In meinem Gedanken

Dich halten
In Freundschaft
Aus Liebe

Danach

Du liebst den Abend
und suchst die Nacht
in ihrer Dunkelheit

Müde Schritte
am Abgrund
tanzen die Liebe

Worte vertrocknen
in Zeiten der Stille

Nacht folgt dem Abend
ihn zu verschlucken

Und mit ihm unseren Tanz

Alltag

Einsame Tränen
Vergossen
für längst verlorene Tage

Schillernde Träume
Zerschellen
am müde ziehenden Alltag

Nichtigkeiten
Ertrinken
in den Wellen von gestern

Mutter Courage

In der Kneipe
bestelle ich ein Bier
Bemerke
dass ich allein bin

Wachse
treffe meine Jugendliebe
Einst
gefiel mir Mutter Courage

Wahrhaftigkeit

Schreiben
Worte wählen
Benennen

Mein Wort - dein Wort
Ernst genommen
Lachen und Weinen

Ertragen
Worte ertragen
Alltagsworte

Abwarten

Ich warte ab
Es könnte sein
Ich bin dir ganz egal

Ich warte ab
Es könnte sein
Ich bin dir nicht egal

Ich warte ab
Ich werde gehen
.... vorher schon

Chaos

Gestern
warst du du
und ich war ich

Heute
heute ist das anders

Ich bin du
und du bist ich
und wir sind du
und ich dazu
und ...

Wie war das
mit der Klarheit?

Habe ich dich
verloren oder mich
oder gestern?

Genug ist genug

Du wirst mir nicht antworten
Ich werde dir nicht schreiben
Kein Anruf
Nichts

Die Bücher werde ich
zurückschicken
Mit knappem Kommentar zur
Sache
Gelesen
Unverbindlich

Blöße habe ich mir genug
gegeben

Ich sollte es wissen

Den Kaffee,
den ich alleine trank,
hättest du gern mit mir
getrunken.

Die Worte,
die du nicht ausgesprochen
hast,
hättest du gern mit mir
gewechselt.

Die Zeit,
die ich allein verbrachte,
hättest du gern mit mir geteilt.

Die Arbeit,
die ich für dich getan,
hättest du mir gern
abgenommen.

Die Liebe,
die du anderen gabst,
hättest du gern mir gegeben.

Du liebtest selbstverständlich.
Ich hätte es wissen sollen,
doch spürte ich nichts.

Nimm meine Hand zum
Abschied

Dann lasse los
Finde deinen neuen Weg
und gehe ihn ohne Last

Verzeichnis der Gedichte

Vierzig Gedichte
Band 1 bis 5

Band 1

Meine Rose heißt wie du

Gedichte vom Erblühen
der Liebe

ISBN 9783848263097

Band 2

Durch dein Schweigen

Gedichte vom Verblühen
der Liebe

ISBN 97838484402726

Band 3

Zeit schrumpft mühsam

Gedichte um Trauer und
Abschied

ISBN 9783848259618

Band 4

Dreh dich nicht um

Gedichte vom Glück und
vom Leben

ISBN 9783848259656

Band 5

Mäntel um unsere Wünsche

Gedichte vom Kampf um
die Liebe

ISBN 9783848259670